Angelika Massenkeil, Pammi Panesar

Osterdekorationen selbst gemacht

ENGLISCH VERLAG

Die Deutsche Bibliothek – CIP-Einheitsaufnahme
Osterdekorationen selbst gemacht/Angelika Massenkeil; Pammi Panesar. – Wiesbaden: Englisch, 1999
ISBN 3-8241-0954-9

ISBN 3-8241-0954-9

Titelbild: Frank Schuppelius, Fotos: Susanna Héraucoult-Multer, Frank Schuppelius
Printed in Spain

Inhaltsverzeichnis

Vorwort

Die Bastelideen in diesem Buch stehen unter dem Motto: weniger Kunststoff, mehr Natur. Holen Sie viel frisches Moos, blühende Zweige, Osterglocken und Tulpen in Ihre Wohnung, und lassen Sie sich von den frischen Farben aus der Natur anregen. So wird es Ihnen gelingen, ganz natürliche Frühlings- und Osterdekorationen zu schaffen. Wir geben Ihnen Ideen und Anleitungen zum Dekorieren Ihrer Wohnung mit traditionellen und auch mal „ganz anderen" Türkränzen, Frühlingsgestecken und Tischdekorationen. Viel frisches Grün, frische Steckzwiebeln, Zwiebel- und Eierschalen sowie Naturbast sind unsere Vorschläge zum Motto „Natur pur".

Angelika Massenkeil, Pammi Panesar

Material und Werkzeug

Hier sind alle Materialien und Werkzeuge aufgelistet, die Sie am häufigsten für diese Bastelarbeiten benötigen. Bei den einzelnen Anleitungen finden Sie darüber hinaus das zusätzlich verwendete Material detailliert aufgelistet.
Moos bekommen Sie beim Gärtner, oder Sie fragen beim Förster nach, ob Sie sich aus dem Wald etwas Moos holen dürfen. Alle übrigen Materialien und Werkzeuge erhalten Sie im Hobbyfachhandel.

Sie benötigen:

- Heißklebepistole
- Blumenbindedraht in Grün
- Patenthaften (Floristennadeln)
- Steckmasse für frische und trockene Gestecke
- Schneidewerkzeuge für Papier, Pappe und Draht
- Gartenschere
- Naturbast
- Schleifenbänder
- Pappe für Schablonen
- kleine Blumentöpfe von 4 bis 8 cm Durchmesser
- Federn
- Eierschalen
- Steckzwiebeln
- Zwiebelschalen

Dekorationen für Fensterbänke und andere Oster-Nischen

Baumstamm

Auf einem dicken Ast eines alten bemoosten Fliederbaumes, der der Axt zum Opfer fiel, haben wir eine Osterlandschaft gestaltet. Die längliche Form eignet sich besonders gut, um eine Fensterbank oder einen Tisch zu schmücken.

Material

- dicker Ast, ca. 50 cm lang, ∅ 12 cm
- 2 Keramikhühner
- Rebennest
- etwas Heu
- 3 kleine Eier
- 2 kleine Textilblumenästchen
- Efeuranke
- Moos und Federn

Anleitung

Es ist ratsam, den Ast zuerst von Spinnen und anderem Getier, das oft noch in der Rinde wohnt, zu säubern. Gestalten Sie zuerst das Nest mit Heu, Federn und Eiern. Mit der Heißklebepistole befestigen Sie dann Moos, Nest und Hühner auf dem Stamm. Die Blumenästchen stecken Sie in die Rinde. Finden sie keinen Halt, kleben Sie sie ebenfalls mit der Heißklebepistole fest. Drapieren Sie die Efeuranke entsprechend der Abbildung.

Frühlingsetagere

Aus drei unterschiedlich großen und mit Steckmasse gefüllten Tontöpfen kann man sich eine Etagere bauen. Sie können damit draußen Ihren Eingangsbereich verschönern oder auch in der Wohnung eine Nische, Fensterbank oder einen anderen freien Platz dekorieren. Ist die Osterzeit vorbei, nehmen Sie einfach das Huhn ab und setzen einen anderen Vogel darauf.

Die Etagere ist so wandlungsfähig und problemlos abzuschmücken, dass sie zu jeder Jahreszeit neu gestaltet werden kann.

Material

- 3 Tontöpfe mit Loch; ∅ 10, 15 und 20 cm
- Steckmasse
- Steckzwiebeln, Moos
- Federn
- Holzstab, 55 cm lang
- Rebennest
- 2 Efeuranken
- Ginsterranke
- einige Holzblumen zum Aufkleben
- Bast in Gelb und Natur
- Keramikhuhn, Holzmarienkäfer
- Eierschalen

Anleitung

Füllen Sie jeden Topf mit Steckmasse aus, und stellen Sie die drei Töpfe mittig aufeinander. Bohren Sie den Holzstab von oben nach unten durch die Steckmasse aller Töpfe. Durch den Holzstab werden alle drei Töpfe miteinander verbunden, sodass nichts verrutschen kann. Ist der Stab zu lang, so kürzen Sie ihn mit der Gartenschere auf die entsprechende Länge. Wenn Ihr Keramikhuhn unten ein Loch hat, lassen Sie den Stab etwas länger und stecken das Huhn auf. Decken Sie die sichtbare Steckmasse mit Moos ab. Ziehen Sie nun das Rebennest zu einer Spirale auseinander, und führen Sie die Spirale von oben nach unten um die Töpfe. Kleben Sie sie an einigen Stellen mit der Klebepistole fest und fixieren anschließend die übrigen Materialien. Orientieren Sie sich dabei an der Abbildung.

Zwiebelvase

In einer Glas- oder Keramikvase sehen Zwiebeln, die bereits ausgetrieben haben, sehr schön aus. Ergänzt man das Arrangement noch mit Bast und Federn, so erzielt man eine ganz besondere Frühlingsdekoration, die nicht viel Platz beansprucht.

Material

- Vase, ca. 20 cm hoch
- ausgetriebene Zwiebel; im Hobbyfachhandel sind Zwiebeln aus textilem oder Kunststoff-Material erhältlich
- etwas Bast
- einige kleine Textilblumen
- Federn, Ginsterranke
- Holzmarienkäfer
- evtl. Steckmasse und eine Efeunadel

Anleitung

Stecken Sie die Zwiebel in die Vase. Wenn sie gut darin steht, können Sie auf die Steckmasse verzichten. Ansonsten füllen Sie Steckmasse in die Vase und stecken die Zwiebel auf einer langen Efeunadel darauf fest. Aus der Ginsterranke wird ein Ring geformt, der mit Bast an das Gesteck gebunden wird. Kleben Sie nun die Marienkäfer und die Federn fest.
Die kleinen Blümchen stecken Sie einfach dazu.

Mooskorb

Hat man die Möglichkeit, im Eingangsbereich eine Dekoration aufzustellen, ist ein mit Moos gefüllter Korb ein wunderschöner Blickfang. Aber auch in der Wohnung in einer Fensternische oder auf einem Tischchen verbreitet dieser Korb Landhausatmosphäre.

Material

- Drahtkorb, Ø oberer Rand 30 cm
- viel Moos, Heu, Bast
- Steckmasse
- Schubkarre aus Holz
- Hase aus Keramik oder Pappmaché
- 3 kleine Eier
- kleine Kieselsteine, Tonscherben
- kleine gelbe Textilblumen
- grüne Miniblättergirlande, ca. 1,20 m lang
- Efeunadeln
- evtl. kurzer Stock

Anleitung

Legen Sie den Drahtkorb mit Moosstücken aus. In die Mitte des Korbes füllen Sie die Steckmasse und decken die Oberfläche mit Moos ab. Befestigen Sie die Schubkarre mit einer langen Efeunadel, die Sie in die Steckmasse schieben. Je nach Art des Materials stecken Sie den Hasen auf einen kurzen Stock und fixieren ihn mit einer Efeunadel, oder Sie kleben ihn auf dem Moos fest. Textilblümchen werden mit ihren Stielen in die Masse gesteckt. Schneiden Sie etwa 1,20 m von der Blättergirlande ab und verschlingen dieses Stück zusammen mit den Bastfäden zu einer lockeren Kordel. Winden Sie diese Kordel um den Rand des Bastkorbes. Arrangieren Sie nun Kieselsteine, Heu, Tonscherben und Eier auf der Moosfläche.

Weidenkorb

Material

- Weidenkorb, Ø 25 cm
- Dekohuhn
- 3 kleine Eier
- 1 halbes leeres Ei
- kleines Plüschküken
- Bast in Gelb und Natur
- Moos und Heu
- Steckmasse
- Federn
- Efeu- und Floristennadeln

Anleitung

Zunächst wird die Steckmasse in den Korb gefüllt. Decken Sie sie mit Moos ab. Das Huhn wird in der Mitte platziert und mit einer langen Efeunadel befestigt. Man zupft Heu zu einem Nest und steckt es ebenfalls fest. Kleben oder stecken Sie die Eier auf das Nest. Befestigen Sie das Küken so in der Eischale, dass nur noch der Kopf herausschaut. Aus Bast wird eine Schleife oben um die Weidenstöcke gebunden.

Moosbäumchen

Dieses Bäumchen ist eine entzückende Dekoration aus Moos, und das Bäumchen ist ganz leicht zu fertigen.

Material

- starke Pappe
- Moos
- dünner Draht
- Bast
- Keramiktopf
- Steckmasse
- dünner Holzstab, z. B. Schaschlikstab
- 3 Holzhühner

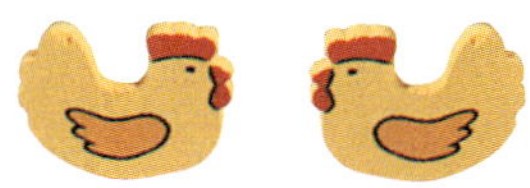

Anleitung

Schneiden Sie die Pappe für das Bäumchen in der gewünschten Form zu. Wir haben, passend zu Ostern, eine Eiform gewählt. Kleben Sie mit der Heißklebepistole den Schaschlikstab mittig auf die Pappe. Belegen Sie nun beide Seiten des Pappeies mit Moos und umwickeln Sie es mit Draht. Sie können das Moos auch mit der Heißklebepistole aufkleben. Führen Sie den Bastfaden nun so um das Moosei, dass sich ein regelmäßiges Bild ergibt. Fixieren Sie die Holzhühner auf dem Keramiktopf, und füllen Sie ihn mit Steckmasse. Bevor das Ei mit dem Schaschlikstab in die Steckmasse gesetzt wird, decken Sie die Topfoberfläche mit Moos ab.

Topfsäule mit Efeu

Diese Dekoration benötigt nur wenig Stellfläche und ist trotzdem beeindruckend, weil sie sich in die Höhe aufreckt. Gerade auf Fensterbänken oder Ecktischchen hat man für breit ausladende Dekorationen oft keinen Platz, und kleine Blumentöpfe werden hier oft übersehen. Für diese Standorte eignet sich die Säule hervorragend.

Material

- Tontopf, ∅ 16 cm
- 5 Blumentöpfe aus Ton mit Loch, ∅ 6 cm
- Moos, Steckmasse
- Holzstab, ca. 50 cm lang
- Federn
- kleine Eier
- kleine Blumen
- Efeuranke
- dünne Blättergirlande, ca. 1,5 m lang
- Eierschalen
- Bast
- Marienkäfer aus Holz

Anleitung

Füllen Sie den Tontopf ganz fest mit Steckmasse, und setzen Sie den Holzstab in die Mitte. Nun werden die Tontöpfchen auf den Stab gereiht, und zwar so, dass sie schräg (eines nach links, das andere nach rechts) übereinander stehen. Wenn die Dekoration später bewegt werden muss, ist es ratsam, die Position der Töpfchen mit der Heißklebepistole zu fixieren. Die Töpfchen werden nun mit Moos gefüllt und mit kleinen Blümchen sowie kurzen Efeuranken besteckt. Zur weiteren Dekoration werden Eierschalen, Federn, Marienkäfer und kleine Eier aufgeklebt. Aus Bast und einem Stück Blättergirlande wird eine lockere Kordel geschlungen und um den großen Topf gebunden.

Regenrinne mit Enten

Nasse Füße sollen die Entchen in der Regenrinne natürlich nicht bekommen. Sie sollen sich in der nachempfundenen Uferlandschaft vielmehr wohl fühlen und den Betrachter erfreuen.
Regenrinnen kann man bei Floristen fertig kaufen. Man kann aber auch bei einem Dachdecker oder im Baustoffhandel nach Reststücken fragen.

Material

- Regenrinne, 40 cm lang
- 3 Keramikenten
- 4 Bambusstäbe
- Moos, 3 Eier
- Steckmasse
- Vogelhaus aus Holz
- kleiner Holzvogel
- Grasbüschel
- evtl. Floristennadeln

Anleitung

Die Regenrinne wird gut mit Steckmasse gefüllt und die Oberfläche mit Moos sowie Grasbüscheln abgedeckt.
Kleben Sie den kleinen Vogel mit der Heißklebepistole auf das Vogelhaus, und stecken Sie es in die Regenrinne. Schneiden Sie die Bambusstäbe in unterschiedlich lange Stücke zwischen 20 und 40 cm zu. Wenn die Enten unten im Fuß ein Loch aufweisen, stecken Sie sie auf kurze Bambusstöcke, die Sie in die Steckmasse schieben. Ansonsten kleben Sie die Enten mit der Heißklebepistole auf das Moos. Bei dieser Anbringung empfiehlt es sich, das Moos mit Floristennadeln festzustecken.

Korblandschaft

Material

- ovaler Drahtkorb
- Steckmasse für frische Blumen
- Moos
- 4 Dekoblumen
- Efeuranke
- kurze blühende Zweige
- 4 kleine Wachteleier
- 1 halbe leere Eischale
- 2 kleine Marienkäfer aus Holz

Anleitung

Kleiden Sie den Korb mit Moos aus, und füllen Sie die feuchte Steckmasse ein. Decken Sie die Steckmasse an der Oberfläche mit Moos ab. Geben Sie auch etwas Moos in die halbe Eischale, und kleben Sie einen Marienkäfer darauf fest. Stecken Sie nun die Blumen in die Steckmasse, und arrangieren Sie die übrigen Dekoteile gemäß der Abbildung.

Osterdekorationen zum Aufhängen

Rundbogenfenster mit Blumen

Dieses Dekofenster ist ca. 22 cm hoch und 14 cm breit. Man kann es sehr vielseitig und ohne großen Aufwand dekorieren.

Material

- Schmetterling
- Dekofenster mit Blumenkasten
- Moos
- kleine Textilblumen
- Band zum Aufhängen
- Steckmasse

Anleitung

Füllen Sie die Steckmasse in den Blumenkasten des Fensters.

Decken Sie sie sorgfältig mit Moos ab und bestecken Sie sie mit Textilblümchen. Fixieren Sie nun den Schmetterling. Zum Schluss ziehen Sie das Band zum Aufhängen durch.

Mooseier

Mehrere Mooseier an ein Fenster gehängt sind ein hübscher Blickfang von innen und außen. Für das Fenster sollte das Ei daher von beiden Seiten mit Moos belegt sein. Fertigen Sie es hingegen für die Wand, genügt es, nur die Vorderseite mit Moos zu bekleben.

Material

- starke Pappe
- Moos
- dünner Draht
- Band, 2 m lang

Anleitung

Schneiden Sie aus dicker Pappe ein Ei aus. Wenn Sie mehrere Eier in der gleichen Größe arbeiten wollen, empfiehlt es sich, eine Schablone anzufertigen.

Suchen Sie ein möglichst flaches Stück Moos aus, schneiden Sie die entsprechende Größe zu und bekleben Sie je nach Wunsch eine oder beide Seiten des Pappeies. Wickeln Sie nun den Draht kreuz und quer um das Ei. Schieben Sie das Band zum Aufhängen unter den Draht.

Türkranz

Dieser große Kranz braucht schon etwas Platz, um seine Wirkung voll zu entfalten. Eine doppelflügige Tür oder eine breite Wand sind ideal. Die Materialien sind alle wetterfest und miteinander verbunden. Sie können den Kranz also auch an ihre Haustür hängen.

Material

- Rebkranz, Ø 50 cm
- Styroporkranz, der Außendurchmesser muss in den Innendurchmesser des Rebkranzes passen
- Moos
- Federn
- Bast
- Schleifenband, 2 m lang
- Rebnest
- Pappmaché-Eier in verschiedenen Größen
- Tontöpfe
- Blumenbindedraht
- Floristennadeln

Anleitung

Beginnen Sie mit dem Styroporkranz. Winden Sie flache und möglichst große Moosplacken um ihn herum. Legen Sie dann den Mooskranz in den Rebkranz und binden ihn mit Draht fest. In den Innenkreis des Mooskranzes wird das Rebnest eingebunden. Kleben Sie die Eier mit der Klebepistole in das Rebnest. Auch die Federn und Tonscherben werden auf diese Weise auf die Kränze geklebt. Binden Sie aus Schleifenband und Bast eine üppige Schleife. Die Schleife wird mit Draht am Kranz fixiert.

Osterring

Dieser Ring ist ein federleichter Fenster- oder Türschmuck, den man sogar mit einem Klebestreifen oder einer Stecknadel an einem Tür- oder Fensterrahmen befestigen kann.

Material

- Drahtring, ∅ 15 cm
- Schleifenband, 30 cm lang, 2 cm breit
- schmales Schleifenband, 40 cm lang
- Blättergirlande, 1,5 m lang
- 2 flache Holzhühner
- 2 flache Holzhasen
- Blumenbindedraht

Anleitung

Wickeln Sie die Blättergirlande um den Drahtreif. Binden Sie aus dem breiten und dem schmalen Schleifenband eine Schleife. Die Enden des schmalen Bandes hängen mittig herunter.
Befestigen Sie die Schleife mit Draht am Reif. Kürzen Sie die Enden des schmalen Bandes, sodass es nicht über den Rand des Drahtreifs hinaushängt.
Mit der Heißklebepistole werden die Holztiere von beiden Seiten auf das schmale Band geklebt.

Mooskranz

Material

- Strohkranz, ∅ 30 cm
- Moos, Efeu
- Rebäste, Buchsbaumäste
- Dekohuhn
- 3 Wachteleier
- Federn
- Dekoschmetterling
- dünne Kordel, 1 m lang
- Floristennadeln

Anleitung

Mit Floristennadeln werden Moos, Efeuranke, Buchsbaumäste und Rebäste auf den Strohkranz gesteckt, doch er wird nicht ganz verdeckt.

Kleben Sie Huhn, Eier und Federn mit der Heißklebepistole auf. Dann stecken Sie den Schmetterling in den Kranz. Zum Schluss wird die Kordel als Aufhängung befestigt.

Tischdekorationen

Einladungskarte

Diese Tischdekorationen schmücken jede Tafel und sind schnell und unkompliziert herzustellen.

Material

Pro Karte benötigt man:

- Wellpappe in Natur oder Fotokarton in Beige, 21 × 15 cm
- Strohseide, 12 × 9 cm
- Stoff oder ein anderweitiges Hasenbild
- Fineliner in Schwarz

Anleitung

Auf die Einladungskarte wurde aus dem Rest eines Osterstoffes ein Hasenmotiv ausgeschnitten und auf die Karte geklebt. Wenn Sie keinen Stoffrest besitzen, können Sie ein Hasenbild aus einer Zeitschrift ausschneiden oder ein sogenanntes Albumbild aufkleben. Schneiden Sie die Karten in der Größe von 21 × 15 cm zu, und falten Sie sie so, dass Sie ein DIN-A6-Format erhalten. In dieser Größe passt die Karte in einen einfachen Briefumschlag. Schneiden Sie in der Mitte der Kartenvorderseite ein Rechteck für die Strohseide aus, die Sie von innen gegenkleben.
Fixieren Sie anschließend das ausgeschnittene Hasenmotiv auf der Karte. Ist der Stoff sehr weich, bügeln Sie ihn vor dem Aufkleben mit Bügelstärke. Nun kann die Karte beschriftet werden.

Tischkarten

Material

Pro Karte benötigt man:

- Fotokarton in Orange und Grün
- Tontopf, Ø 4 cm
- Steckmasse
- Moos
- Fineliner in Schwarz

Anleitung

Fertigen Sie sich eine Schablone von der Möhre. Schneiden Sie das orangefarbene Teil für jede Tischkarte zweimal zu, und kleben Sie das Möhrengrün dazwischen. Füllen Sie die Tontöpfe mit Steckmasse und stecken die Möhre hinein. Die Oberfläche der Töpfe wird mit Moos abgedeckt.

Menükarte

Material

Pro Karte benötigt man:

- Fotokarton in Beige, 21 × 15 cm
- Fotokarton in Orange und Grün
- Fineliner in Schwarz

Anleitung

Falten Sie den Fotokarton für die Karte zu einem DIN-A6-Format. Die Möhre schneiden Sie nach der Schablone für die Tischkarten aus, kleben Sie sie auf die Vorderseite der Karte und zeichnen Sie die Konturen mit Fineliner.

Tipp

Mit Serviettenringen aus Holz, wie sie im Hobbyfachhandel oder in Kunstgewerbeläden erhältlich sind, bekommt Ihre Tischdekoration ein zusätzlich österliches Ambiente.

Tischkerzen

Material

- Eierkarton für 30 Eier
- kleine Tontöpfe
- Eierkerzen
- Moos
- Marienkäfer aus Holz

Anleitung

Trennen Sie vom großen Eierkarton vorsichtig zwei Reihen ab. Stellen Sie viele kleine Tontöpfe mit Eierkerzen hinein und dekorieren Sie freie Felder mit Moos und Marienkäfern. Sie können natürlich auch Schmetterlinge, Hühner oder Hasen dazustellen.

Kerzenschale

Material

- flache Tonschale, Ø 18 cm
- Steckmasse
- Moos
- 3 kleine Tontöpfe
- 2 Eierkerzen
- Steckzwiebeln
- Dekoranke und Dekoblümchen
- kleine Zweige mit frischem Grün

Anleitung

Füllen Sie die Steckmasse in die flache Schale, und decken Sie die Oberfläche mit Moos ab. Mit der Heißklebepistole fixieren Sie die Tontöpfe. Setzen Sie die Kerzen in die Töpfchen. Das dritte Töpfchen füllen Sie mit Moos und kleinen Zweigen. Stecken Sie nun Zwiebeln, Ranke und Dekoblumen in die Tonschale.

Osterkranz

Dieser Kranz erinnert an ein Nest, und dekoriert mit Eiern sorgt er für Osterstimmung.

Material

- Styroporkranz, ∅ 30 cm
- Moos
- Weidenast mit Kätzchen
- 2 Tontöpfe, ∅ 3 cm
- 4 Tontöpfe, ∅ 4 cm
- 2 kleine Holzkäfer
- Bast in Gelb
- Draht und Patenthaften oder Floristennadeln
- 2 kleine und 3 große Eierkerzen
- Steckzwiebeln und Zwiebelschale

Anleitung

Die Oberseite des Styroporkranzes wird mit Hilfe von Floristennadeln mit Moosplacken besteckt und der Kranz wird mit Bastfäden umwickelt. Unter die Bastfäden schieben Sie einen kleinen Weidenast. Die kleinen Tontöpfchen werden mit der Heißklebepistole auf das Moos geklebt und mit den Kerzen bestückt. Kleine Steckzwiebeln, Zwiebelschale und Käfer werden ebenfalls mit der Klebepistole fixiert.

Tulpenstrauß

Material

- Terrakottatopf, ∅ ca. 25 cm
- Rebkranz, ∅ ca. 25 cm
- Bast in Natur
- Steckmasse für frische Blumen
- Buchsästchen
- Eierschale, Zwiebelschale
- 7 Wachteleier auf Draht
- Eierkarton, Federn
- 5 flache Holzhühner
- 10 frische Tulpen

Anleitung

Geben Sie die feuchte Steckmasse in den Blumentopf.

Den Rebkranz kleben Sie auf den Topfrand. Fixieren Sie Zwiebel- und Eierschale, ein Stück Eierkarton, Holzhühner und Federn auf den Kranz.

Stecken Sie nun die Tulpen, die Buchsbaumästchen und die gedrahteten Eier in den Topf.

Umwickeln Sie den Rebkranz mit Bast.

Frühlingsgesteck

Material

- Holztopf, ca. 30 cm hoch
- Steckmasse
- Moos
- Heukranz, ∅ 25 cm
- Rebholznest
- 2 Tulpen
- Stiel mit weißen Mohnblumen
- Ginsteräste
- weiße Blütendolde
- 3 grüne Bohnen
- kleine Zwiebel
- 2 Efeu-Ranken
- zerschlagener Tontopf
- Draht
- Organzaband in Gelb, 2 m lang, 4 cm breit
- Netzband in Grün, 1,5 m lang
- Efeunadeln

Anleitung

Biegen Sie den Heukranz zu einem Oval, und stecken Sie ihn mit langen Efeunadeln auf den mit Steckmasse gefüllten Holztopf. Blüten, Efeu, Bohnen, Zwiebel und der zerschlagene Blumentopf werden mit Draht angedrahtet, um die Teile zu verlängern. Dann werden sie von oben durch den Heukranz gesteckt. Dabei werden die Blüten und Ranken und das übrige Zubehör so gezupft, dass das Gesteck ein Oval ergibt. Die Bänder werden von oben mit Draht am Efeu befestigt und längs über das Gesteck geschlungen.

ENGLISCH VERLAG

kreativ

ISBN 3-8241-0729-5
Broschur, 32 Seiten

ISBN 3-8241-0888-7
Broschur, 32 S., Vorlageb.

ISBN 3-8241-0887-9
Broschur, 64 Seiten

ISBN 3-8241-0810-0
Broschur, 32 S., Vorlageb.

ISBN 3-8241-0809-7
Broschur, 64 Seiten

Lust auf Mehr?

Liebe Leserin, lieber Leser,
natürlich haben wir noch viele andere Bücher im Programm. Gerne senden wir Ihnen unser Gesamtverzeichnis zu. Auch auf Ihre Anregungen und Vorschläge sind wir gespannt. Rufen Sie uns einfach an oder schreiben Sie uns.

Englisch Verlag GmbH
Postfach 2309 · 65013 Wiesbaden
Telefon 06 11/9 42 72-0 · Telefax 06 11/9 42 72 30
E-Mail englisch@englisch-verlag.de
Internet http://www.englisch-verlag.de